AF509645

LE CURÉ

DE MARANGE

PAR

ACHILLE SIMON

ILLUSTRÉ

DE SIX GRANDES LITHOGRAPHIES

par

VICTOR ADAM

Lithographie artistique de la Lorraine

HAGUENTHAL

ÉDITEUR

A PONT-A-MOUSSON (MEURTHE)

Metz. — Typographie de Jules VERRONNAIS.

LE CURÉ DE MARANGE.

CHAPITRE PREMIER.

> Nous appelons laideur une mésavenance au
> premier regard qui loge principalement au visage.
> MONTAIGNE.

ARANGE est un joli petit village du département de la Moselle, situé à six kilomètres de Boulay, et à égale distance de Faulquemont.

Sa position est loin pourtant de satisfaire ses admirateurs. Encaissé dans un bas-fond anti-pittoresque, dominé par de monotones terrains jaunâtres et sablonneux, coupé en deux par la route impériale et peu fréquentée de Metz à Saint-Avold, il est loin d'offrir le coup d'œil riant et varié que l'artiste aime à esquisser et que l'écrivain se plaît à dépeindre.

Mais ses maisons sont si coquettes, leurs murs blanchis à la chaux, tranchent si bien sur l'encadrement rouge des portes et des fenêtres, l'intérieur des habitations a un aspect si frais et si propre, ses laboureurs accentuent si harmonieusement la langue de Schiller et de Klopstock, ils sont si prévenants, si affables, que, en faveur de tous ses agréments, nous devons nécessairement fermer les yeux sur une simple imperfection et maintenir la proposition avancée par nous au début de ce chapitre, à savoir que Marange est un joli petit village.

Tel était aussi l'avis de maître Jean Bauer, lequel prétendait que sa modeste patrie était préférable à toutes les villes du monde, et que son toit de chaume valait mieux que tous les palais de la terre.

Cette prétention, évidemment erronée, avait du moins le mérite d'honorer le patriotisme paroissial de celui qui la professait, et était excusable ; attendu que messire Bauer n'avait jamais dépassé le canton de la Croix-de-Saint-André, qui est la dernière pièce de terre du ban.

Mais telle n'était pas l'opinion de M. Jean-Joseph-Alexis Andreuil, lequel ayant fait autrefois un voyage aux eaux de Baden-Baden, osait soutenir en plein jour et en plein public, que la commune dont il avait l'honneur d'être le maire, était un nid grossier de stupides paysans, bâti au milieu d'une lagune marécageuse tout au plus digne des canards qui y barbotaient.

Et la conviction de meinherr le bourguemestre prévalait

souvent sur celle de maître Bauer, par la raison que le premier avait de belles et bonnes rentes purgées d'hypothèques, et que le dernier n'était pas même membre du Conseil municipal et ne possédait pour tout bien qu'une masure lézardée et des champs de médiocre rapport.

Ceci engendrait de fréquentes discussions entre les deux antagonistes ; discussions qui eussent souvent produit des résultats fâcheux, si M. Andreuil n'avait craint de compromettre sa double dignité de propriétaire et de magistrat en se commettant avec un simple cultivateur.

Jean Bauer était un brave homme de quarante-deux ans, fort borné dans son éducation, mais parfois élevé dans ses idées et doué de ce bon sens de paysan qui, pour être naturel, n'en est pas moins remarquable.

La seule faiblesse qu'on pouvait lui reprocher, c'était cet amour-propre de clocher dont nous avons parlé plus haut.

Débonnaire, placide, paisible habituellement, il s'exaltait jusqu'à l'attendrissement, ou s'irritait, selon qu'on louait ou que l'on dépréciait son cher Marange.

Il est vrai que là il avait reçu le jour, que là reposaient les cendres de ses pères, et que là résidaient toutes les affections dont son cœur naïf et bon était capable.

Attenter à son lieu natal, c'était donc attenter à ses sentiments les plus intimes et les plus chers, à cet instinct inné qui attache à son toit l'homme primitif, non gâté par le contact, souvent pernicieux, d'une société dépravée.

Quoi qu'il en soit, maître Jean était généralement aimé de ses concitoyens, et maintes fois les plus sages d'entre eux avaient recours à son jugement infaillible et à son esprit de conciliation.

Saturnin, le fils du villageois, semblait avoir hérité de toutes les qualités du père sans en avoir les défauts. Agé de quinze ans, il joignait déjà à une instruction plus étendue qu'on ne pourrait le croire, un esprit pénétrant, une sûreté de pensée étonnante, des principes d'une délicatesse exquise, et un cœur ardent autant que vertueux.

D'une constitution délicate, d'un physique peu gracieux, son dos légèrement voûté, sa tête aux cheveux crépus, sa bouche saillante, son nez effacé, ses bras longs terminés par des mains rouges et maigres, lui donnaient un air bizarre qui l'exposait sans cesse à la risée de ses camarades.

Cependant son front large et protubérant, ses yeux bleus et brillants, rachetaient en quelque sorte, du moins pour l'observateur, ce que sa difformité avait de désagréable : On voyait que dans ce front résidait une intelligence profonde, que dans ces yeux brûlait une flamme particulière ; et, en face de ces indices du génie, on oubliait volontiers la frêle enveloppe pour ne se souvenir que de l'âme qu'elle renfermait.

Toutes ces qualités ne pouvaient néanmoins sauver le pauvre enfant de la verve sarcastique de ses jeunes compagnons; sa supériorité incontestable, excitant leur envie, redoublait leur animosité, et Satur-le-Nain (c'est ainsi qu'on l'avait surnommé), pour échapper aux mordantes railleries dont il était le but, courait s'enfermer dans son grenier favori; là, entouré de livres que lui procurait le desservant de la paroisse, il se plongeait dans l'étude, et, grâce à son inépuisable patience et à l'espèce d'extase qui s'emparait de lui, il perdait le souvenir de ses mésaventures, jusqu'au lendemain où elles recommençaient.

Parmi tous les ennemis qui le poursuivaient, Lucien Andreuil, le fils du maire, était sans contredit le plus acharné.

A peu près du même âge que sa victime, son caractère offrait l'opposition la plus complète avec celui de Saturnin; de cette opposition de goût et d'instinct était née une antipathie invincible que le mérite du jeune villageois et surtout les dissentiments qui divisaient les deux pères, vinrent encore corroborer.

Fier de sa fortune, entiché de la supériorité qu'il se croyait, ignorant à l'excès, fat et orgueilleux au dernier point, épris de ses avantages corporels, il s'arrogeait le droit de mépriser tout ce qui n'était pas son égal, et, s'il daignait de temps à autre se joindre aux jeux des jeunes paysans, c'était uniquement dans le but de leur faire sentir leur infériorité et de trouver le moyen d'exercer sur le fils de Bauer les cruautés que lui suggérait son ambition.

On le détestait cordialement, mais on le supportait par cette vanité dont les campagnards même ne sont pas exempts et qui consiste à se trouver honoré par la présence d'un habitué de meilleure compagnie.

C'était, si je me rappelle bien, vers la fin de l'été de 1859.

Saturnin, assis au pied d'un poirier sauvage, tenait entre les mains un ouvrage d'Oxenstiern, cet écrivain judicieux qui, au milieu de quelques paradoxes, fait jaillir des vérités si précieuses.

S'abandonnant aux douces sensations que procure la fraîcheur, après une journée ardente, il arrêtait les yeux sur ce passage de l'auteur qu'il semblait méditer profondément.

« Quiconque à vingt ans ne sait rien, ne travaille pas
» à trente, n'a rien acquis à quarante, ne saura, ne fera
» et n'aura jamais rien. »

Cette proposition avancée avec quelque justesse, plongeait le jeune homme dans une angoisse que peu de personnes sauront comprendre.

Apprendre, s'instruire, approfondir l'inextricable laby-
rinthe des sciences, c'était pour Saturnin un besoin inné,
qu'il satisfaisait autant qu'il était en son pouvoir, et que
ses faibles moyens le lui permettaient.

Mais, malgré sa persévérance, ses veilles, son étude
continuelle; malgré les obstacles qu'il surmontait et qui
eussent découragé toute autre volonté que la sienne,
malgré les heureux résultats qu'il avait obtenus, il se
reprochait encore de n'en pas assez savoir, et cette mo-
destie, ce doute, le navraient, le mettaient dans une
perplexité dont toute sa logique avait peine à le tirer.

Nous ne saurions mieux comparer cette soif de connaissances, qu'à celle dont souffre l'avare qui ne voit jamais
son trésor grossir au gré de ses désirs. Le seul point qui
pourrait s'opposer à notre parallèle, c'est que le premier
de ces sentiments est dirigé vers un noble but, tandis que
l'autre est l'extrême limite de dégradation où puisse tom-
ber l'esprit humain.

Les pensées d'Oxenstiern avaient rallumé le feu interne
qui dévorait le jeune savant, et, quoiqu'il n'eût que quinze
ans, il craignait d'avoir embranché déjà le sentier d'ignorance que dépeint la phrase ci-dessus.

Il fût distrait tout à coup de ses réflexions par une voix
moqueuse et bien connue qui lui cria à l'oreille, faisant
allusion à sa malheureuse conformation : salut, citoyen

Esope ! Tu médites donc toujours dans la solitude ? Vrai Dieu ! du train dont tu vas, la sagesse égalera bientôt ta laideur, et ta ressemblance avec le Phrygien sera complète !

— Vous m'honorez bien au-dessus de mon mérite, M. Adrien, répondit Saturnin sans la moindre émotion dans la voix ni dans le regard ; et, si votre prédiction se réalisait un jour, ce que je n'ose même espérer, je m'estimerais plus fortuné que les plus grands de la terre.

— Vraiment ! reprit le jeune fat ; et alors, comme ton célèbre modèle et sosie, tu feras parler aux bêtes le langage des hommes... ce sera curieux, par ma foi !

— Pas tant que vous croyez, Monsieur ; car on voit tous les jours des ânes empruntant la parole humaine, et mes œuvres en ce genre, supposant que j'en produise, n'auraient même pas le mérite de la nouveauté.

Le digne héritier de M. Andreuil sentit la piqûre, et leste à la riposte, quoique faux dans ses coups, il répliqua aussitôt d'un ton aigre-doux : Tu es bien modeste, messire Caton, et tes paroles ressemblent assez à celles du renard de la fable, avec lequel ton museau allongé te donne un certain air de famille... Sur ce, je te souhaite une agréable soirée et vais compter les écus de mon père pendant que tu énuméreras les étoiles du ciel.

Après ce discours aussi grossier que suffisant, et que

nous avons rapporté pour mieux faire connaître le caractère distinctif de notre personnage, Adrien se retira en chantonnant, et Saturnin reprit sa lecture dans laquelle il absorba toutes ses facultés et toute l'attention que son esprit contemplatif comportait.

CHAPITRE II.

« Il y a au monde quelque chose qui vaut mieux que les jouissances matérielles, mieux que la fortune, mieux que la santé elle-même ; c'est le dévoûment à la science, » a dit Augustin Thierry, dans ses *Dix années d'études historiques.*

« On trouvera parmi les paysans et aultres pauvres gens des exemples de patience, constance, volonté, plus purs que tous ceux que l'eschole enseigne, » a écrit Charron, dans sa *Sagesse.*

Le fils du laboureur semblait comprendre l'une et réaliser l'autre de ces deux phrases ; car, pour lui, la science était le souverain bien et le seul où tendait son ambition.

Aussi, quand le soleil, quittant l'horizon, fit place à la nuit et l'empêcha de continuer sa lecture, il se leva, oublieux des avanies qu'Adrien lui avait fait subir, et

rentra dans son modeste logement, disposé à continuer,
à la lueur d'une lampe fumeuse, ses méditations inter-
rompues.

Ainsi que nous l'avons dit, la soirée était belle; pour
en jouir, Jean Bauer était assis sur un banc rustique,
considérant muettement la voûte étoilée qui s'étendait
au-dessus de sa tête.

— Te voilà, garçon, dit-il, et toujours ton inséparable
livre sous le bras!... mort de ma vie! que peux-tu toujours manigancer là dedans?

— Mon père, répondit Saturnin, c'est mon unique
distraction, le seul charme de mes jours qui, sans cela,
se passeraient dans une honteuse oisiveté.

— Je le sais bien, parbleu!... Mais, si ta complexion
débile m'empêche de t'employer aux travaux de la terre,
je ne veux point que tu t'abîmes d'un autre côté à déchif-
frer des lignes noires, qui me donnent le vertige rien
que d'y songer!... D'ailleurs, à quoi te servira-t-il d'être
si savant?

— A trouver le bonheur dans les plus petites choses, à
pénétrer des mystères cachés aux yeux du vulgaire, à
marcher avec mon siècle, à connaître les abus, à aimer
les hommes, à bénir le créateur, à trouver la véritable
cause des effets qui se produisent sans cesse sous mes
yeux, et à donner un but utile et honorable à ma vie.

Le laboureur hocha la tête d'un air négatif et reprit, de ce ton brusquement affectueux qu'il employait toujours avec son fils.

— Je parie, garçon, que tu as encore trouvé toutes ces belles réponses dans ton grimoire favori?... Hein, ai-je deviné juste?

— Vous vous trompez, mon père; ces réponses je les ai trouvées dans mon cœur.

— En ce cas ton cœur te trompe fièrement, mon Saturnin... Vois-tu bien, une carrière comme celle que tu as choisie est faite pour le riche qui peut joindre à l'éclat de son érudition le tintement de son or; pour le pauvre au contraire c'est le chagrin et la misère. — Je ne suis jamais sorti de mon village, j'ai une mince expérience du monde; mais, d'après ce que j'ai ouï-dire, je conclus que, sur neuf savants, six, c'est-à-dire les deux tiers, sont trépassés de mort violente; et tout cela faute d'écus pour appuyer leurs œuvres, ou de bassesses pour solliciter des protections.

On leur érige bien quelquefois des tombeaux superbes, avec leur portrait en marbre; mais, corbleu! ils sont morts, et cet honneur ne les fera point ressusciter... Et ceci me rappelle l'histoire que racontait dernièrement Monsieur le Curé, à propos d'un certain poète, comme il appelle cela, lequel, après avoir quitté sa chaumière pour courir après la gloire, fut conduit à l'hôpital par la faim et le découragement.... Comment s'appelait-il donc, ce fou assez stupide pour préférer l'oie qui vole au moineau en cage?

Et Jean se frappa énergiquement le front comme pour en faire jaillir le nom qui fuyait obstinément.

Heureusement Saturnin, dont la mémoire était plus fidèle, lui vint en aide.

C'est Gilbert, mon père, dit-il; Gilbert, l'âme belle et rigide, le poète austère et infortuné qui ne sut jamais:

> Encenser un sot dans l'éclat,
> Amuser un Crésus stupide
> Ni Monseigneuriser un fat, *

et qui, après avoir épuisé la coupe de toutes les déceptions, mourut à la vingt-huitième année de son existence.

Et Saturnin rappela les derniers vers du poète, si sublimes de douleur et d'harmonie; mais en s'exprimant avec une éloquence pleine de sensibilité, le jeune homme s'était laissé aller à un attendrissement qui eût certainement gagné son père, si celui-ci, pour couper court à cet entretien, ne se fût levé pour rentrer dans son logis et se livrer à un sommeil réparateur. Saturnin monta également à son grenier obscur et délabré; mais, au lieu de s'étendre

* Gresset.

sur sa couche, il alluma une lampe qui répandait une clarté énigmatique, s'approcha d'une table boîteuse sur laquelle étaient placés un petit nombre de livres, du papier et de l'encre; puis, quand il se fût assuré qu'il se trouvait bien seul, il commença d'écrire avec une vitesse surprenante et fiévreuse.

Une force invisible semblait pousser sa plume, elle bondissait et allongeait des lignes avec une rapidité étourdissante; une abondante sueur découlait de son front; ses yeux brillaient d'un feu étrange, son visage était empourpré, son cœur palpitait dans sa poitrine; il semblait avoir oublié le monde, le besoin de repos, et l'aurore, en saluant la nature, le retrouva encore dans la même position.

CHAPITRE III.

———

Ignace Merault était le vénérable pasteur de Marange.

C'était un de ces hommes dont la foi égale la charité, dont le cœur n'a d'aspiration que pour aimer et compatir, dont la vie est un exemple permanent de vertu sublime et d'infatigable patience.

C'était un prêtre selon le Christ, réunissant à l'austérité de la religion, cette mansuétude, cette indulgence qui touchent le pécheur, bien plus que la menace et les reproches.

Il avait soixante-dix ans; un pied dans la tombe, l'autre sur la terre, il semblait un ange prêt à reprendre son vol vers le ciel et consacrant ses derniers moments à l'instruction et à l'édification des mortels.

Saturnin avait en lui un ami aussi respectable que pré-

cieux; en lui il puisait ces leçons de résignation et d'es-
pérance qui le soutenaient dans le chemin rocailleux où il
marchait; Ignace lui prêchait le pardon des injures, la
fermeté dans le présent, la croyance dans l'avenir; et, à
l'accent lent et grave du saint vieillard, le jeune villageois
sentait son courage renaître, son ardeur grandir, l'enthousiasme soulever sa poitrine; muet, les larmes aux
yeux, le cœur rempli de reconnaissance, il pressait sur
ses lèvres la main ridée du bon curé, remerciant inté-
rieurement le Seigneur, qui, en le privant de ses faveurs,
avait placé à côté de lui un protecteur, impuissant, il est
vrai, dans le fait, mais dont l'influence évangélique était
d'un si grand poids dans la balance de son existence.

Souvent retirés sous une tonnelle, recouverte par les
ceps vigoureux d'une vigne arborescente, et placée au
fond du jardin presbytérial, ils passaient des heures entières à converser sur des idées abstraites et dignes des
plus éminents philosophes.

Ces entretiens avaient pour eux des charmes indescrip-
tibles, que ceux là comprendront qui mettent leur unique
jouissance à sonder les mystères profonds de la création et
de l'humanité, pour y découvrir le principe éternel de
toutes choses.

Tout leur paraissait digne d'attention et de commen-
taires; et, lorsque la cloche de l'église sonnait l'heure de

la retraite, Merault se levait, serrait la main de son élève et prononçait invariablement cette phrase si simple et si belle.

« La nature est grande, mon enfant, heureux qui peut la connaître dans son entière vérité et appliquer ses découvertes au bien-être des hommes! Aime-la toujours, conserve-lui ton culte, après Dieu; car hors d'elle il n'y a qu'erreurs et mensonge, comme en elle seule réside la simplicité et le bonheur qui en découle. »

Puis ils se séparaient et rentraient dans leur masure respective dont l'une ne le cédait guère à l'autre pour la blancheur des pignons et la nudité des chambres.

Parce que nous venons de dire, on doit s'apercevoir que Saturnin n'était pas entièrement dénué de cette satisfaction intime que peu de gens savent apprécier et que le plus grand nombre méconnaît.

Mais, hélas! cette dernière joie fut troublée par un cruel événement.

C'était à l'époque des moissons; travailleur infatigable, Jean Bauer, après une journée de rude labeur, rentrait trempé de sueur, et brûlé par l'ardent soleil de la canicule. Imprudent comme le sont la plupart des campagnards, il s'approcha d'une source dont l'eau fraîche et claire semblait l'inviter à satisfaire la soif qui le dévorait; sans calculer les suites de son action, il savoura à longs traits le liquide glacé ; mais, à peine eût-il achevé de boire, que son sang, brusquement arrêté dans sa course, se congela ; il rentra au logis, abattu, haletant, une fièvre violente se déclara, et le médecin qu'on appela reconnut que, à moins d'un miracle du ciel, le mal était irrémédiable. Trois jours après, cette sinistre prédiction se réalisa et le terme fatal était venu. Réunis dans une chambre exiguë, éclairée par une chandelle tremblottante, Saturnin éclatait en sanglots, le prêtre l'exhortait autant que sa propre émotion le lui permettait.

Avez-vous vu, lecteur, mourir un homme de bien ? Avez-vous vu s'éteindre insensiblement la dernière pulsation d'un cœur qui ne battit que pour les plus beaux sentiments ? Non ; vous n'avez jamais assisté à ce spectacle touchant et solennel où l'âme, se dégageant de sa prison matérielle, retourne à sa céleste patrie.

Mais, après une belle journée, vous avez admiré, une fois au moins, le soleil, plongeant son disque resplendissant dans la rivière dorée, s'effacer peu à peu et disparaître enfin derrière la haute cîme d'une montagne ?

Telle est la fin de l'être vertueux dont le séjour sur la terre fut marqué par la pureté et la droiture ; et l'éclat radieux que projette le couchant égale à peine le souvenir qu'il laisse.

Le visage calme quoique amaigri, Jean Bauer souriait

à son fils et, d'une voix affaiblie, lui faisait ses derniers adieux.

— Garçon, dit-il, pourquoi pleures-tu? Le trépas n'est-il pas le partage inévitable de tout ce qui respire en ce monde? si le Seigneur me rappelle à lui un peu plus tôt que tu ne l'aurais pensé, est-ce là un si grand sujet de chagrin?

Allons, garçon, du courage, je ne te quitte que momentanément, et je t'attendrai là-haut!... Puissent les épines ne pas déchirer la robe de ton innocence, et la douleur ne pas te visiter; c'est le seul souhait qu'il me reste à former. Reçois ma bénédiction paternelle; elle te portera chance et réussite, et maintenant, adieu mon Saturnin.... Vrai Dieu! je ne croyais pas qu'il fût si aisé de mourir!... Monsieur le curé, priez pour moi.

Quand il eut prononcé ces derniers mots, Jean Bauer ferma doucement les yeux et poussa un faible soupir qui s'acheva dans l'éternité.

Nous ne saurions décrire le désespoir de Saturnin; il ne se manifesta point par des cris et des pleurs; il fut intérieur, muet, aigu et atroce.

Les livres furent sa plus chère consolation, et chaque jour après avoir passé quelques heures sur la tombe du laboureur, il revenait à eux comme au seul adoucissement qui put soulager ses peines.

Son modeste héritage fut en partie vendu pour payer quelques dettes que Bauer n'avait pu s'empêcher de contracter; et quand il eut ainsi satisfait à l'honneur, le malheureux Saturnin, sans asile et presque sans ressources, dut chercher un refuge dans la maison curiale que lui ouvrit le zèle charitable de Merault.

Ce fut une époque de privations et d'admirable patience.

Le modeste revenu du prêtre avait peine à suffire à cet accroissement de besoin, et, autant celui-ci mettait de dévouement dans son œuvre bienfaisante, autant le jeune villageois éprouvait d'angoisse en songeant à la gêne qu'il imposait à son protecteur. Six mois s'écoulèrent ainsi.

Saturnin mangeait peu, dormait moins encore, et passait des semaines entières dans l'étude et la méditation qu'il n'interrompait que pour la prière.

Il changeait à vue d'œil, sa maigreur devint extrême, et sa santé dépérissait considérablement. Ignace avait beau lui défendre cette application nuisible, mais sur ce point il fut intraitable.

Un matin le pauvre orphelin vint trouver le curé et le pria de l'accompagner sous la tonnelle où ils avaient passé autrefois des heures si délicieuses.

— Mon père, dit-il, lorsqu'ils se furent assis sur un

banc de gazon, daignez m'accorder toute votre attention et m'écouter avec bienveillance....

Je vous suis à charge, mon père?

— Enfant! Enfant! répondit Merault, ne me reproche pas mon devoir: le Christ ne s'est-il pas dépouillé de son manteau pour le donner au pauvre?

— Vos pensées sont sublimes, mon père, et vos actions y répondent dignement; mais le moment est venu où je dois me suffire à moi-même et sortir de l'inaction où je végète depuis ma naissance.

— L'inaction! Saturnin, mais tes travaux font presque envier le sort d'un esclave!

— Je le sais, mon père, mais, jusqu'ici mes travaux ne m'ont donné que des fatigues et il est temps qu'ils me donnent du pain. Je suis bien résolu à me procurer un moyen d'existence et à vous délivrer de la gêne que ma présence a produite dans votre maison.

— Te chercher une position, cela est juste; mais, dis-moi, mon enfant, comment y parviendras-tu sans autre appui que ta science qui est vaste, que ta misère qui est grande, que ton corps qui est faible et débile?

— J'ai de la volonté, mon père, et devant-elle plieront tous les obstacles.... Oui, je franchirai des abîmes, je gravirai des montagnes, je laisserai les lambeaux de ma chair aux ronces et aux broussailles, plutôt que de vivre sans but et de vous écraser du poids de mes nécessités.

Le vieillard leva les mains au ciel, et ne trouva pas un mot pour répondre à une si généreuse énergie. Après un instant de silence, il reprit:

— Je n'ose plus te retenir, ô mon fils en Dieu! mais je tremble à la pensée seule de la route que tu vas parcourir, route hérissée de mille difficultés et qui te conduira peut-être à ta perte.... Quels sont tes projets? Quelle est la carrière que tu as choisie?

— La plus noble de toutes, mon père, celle qui transporte l'homme au-dessus de la sphère où sa destinée l'a placé; celle qui lui permet d'élever sa voix en faveur de tout ce qui souffre, et de pleurer, dans le langage des immortels, ses propres douleurs.... Comprenez-vous, mon père?

— Je devine mon fils!... exclama le prêtre avec une indicible amertume; et le jeune homme tirant un manuscrit de sa poche, le tendit au vieillard en disant:

Tenez, lisez, mon père; c'est le fruit de mes veilles, c'est du jugement que vous en porterez que dépendra mon avenir.

Ignace prit le manuscrit d'une main tremblante et le parcourut avec émotion; mais à mesure qu'il avançait, son visage qui avait d'abord exprimé un doute inquiétant, passa rapidement de la surprise à l'étonnement et l'enthousiasme ne tarda pas à s'y manifester.

Le vénérable prêtre ne put se contenir d'avantage et, serrant le jeune homme dans ses bras, il lui dit :

— Mon enfant, je ne te retiens plus ; ta place n'est pas dans l'humble presbytère, et, si la protection due au talent n'est pas éteinte dans tous les cœurs, tu parviendras au noble but que tu te proposes.

— Mon œuvre trouve donc grâce à vos yeux ? demanda Saturnin, avec une inquiétude qu'il ne chercha pas à déguiser.

— Ton œuvre révèle un esprit supérieur ; va, mon enfant, avec les sentiments qui t'animent la bénédiction de Dieu sera sur toi.

Un soupir s'exhala de la poitrine du villageois et le délivra du poids qui l'oppressait. Comme tous les grands hommes, au début de leur carrière, il avait le doute, ce doute horrible et incessant qui torture, qui fait souffrir et ne se dissipe que lorsque le succès a couronné les efforts du patient.

Le lendemain, de bonne heure, Saturnin, muni d'un léger bagage, où ses livres tenaient la première place, s'inclina devant le prêtre et murmura d'une voix brisée :

— Adieu, mon père, le souvenir de vos bontés ne sortira point de ma mémoire ; la dernière grâce que je vous demande, c'est de bénir mon entreprise et la dernière faveur, celle d'une modeste place dans vos prières.

Ignace leva les yeux au ciel, étendit la main sur la tête de son protégé et dit:

— Puisse l'égide du Seigneur te préserver des coups de l'adversité, puissent la joie et le bonheur devenir ton partage, et tes jours s'écouler limpides et calmes comme l'astre radieux qui nous éclaire.... Adieu, mon cher enfant; j'implorerai la miséricorde du Tout-Puissant et sa divine protection. Conserve toujours la pureté de ton cœur; si le malheur te frappe, sois fort; surtout reviens, reviens me voir encore, et si, à ton retour, l'herbe avait déjà envahi ma tombe, agenouille-toi sur ma pierre tumulaire et l'ombre de ton vieil ami se réjouira du haut de l'Eden où l'Être suprême l'aura recueillie.

Cette touchante allocution produisit sur Saturnin un effet indescriptible, il fondit en larmes, baisa les genoux du curé et s'éloigna précipitamment pour échapper aux conséquences d'une trop violente émotion.

Merault rentra dans sa demeure qui lui sembla bien déserte; prit son bréviaire et tâcha de s'absorber dans une pieuse lecture; mais, quoiqu'il fît, l'image de son fils adoptif venait toujours s'interposer entre lui et l'énorme in-folio posé sur ses genoux....

Le soir du même jour il y eut une fête brillante au château de M. Andreuil. Lucien, destiné au commerce, devait partir le lendemain pour Paris; à l'occasion de ce départ, le révérissime maire avait invité quelques amis et leur donnait une soirée qui était un diminutif de celles qu'il avait vues lors de son fameux voyage aux eaux de Baden-Baden.

Les niaiseries qui se débitèrent, l'ostentation dont on fit étalage, seraient le texte d'un volume entier; mais notre intention n'étant pas de nous arrêter sur de si futiles détails, nous les passerons sous silence, persuadé d'avance que nos lecteurs nous sauront gré de cette omission.

CHAPITRE IV.

ATURNIN cheminait depuis longtemps sur la route de Fouligny à Bionville s'abandonnant à d'assez tristes rêveries, mêlées à ses projets d'avenir.

Où allait-il? quel serait le terme de sa course? il se le demandait avec effroi et eut été aussi embarrassé d'y répondre que nous le serions nous-mêmes, si un lecteur trop curieux venait à nous le demander.

La nuit vint comme il entrait dans un hameau peu étendu; ses membres non habitués à un si rude exercice, et son estomac affaibli par les privations autant que par une marche prolongée, demandaient impérieusement un soulagement immédiat.

Mais le pauvre voyageur possédait un fort mince pécule, restant de son héritage, et il lui répugnait d'y porter atteinte dès les premiers jours de son excursion, d'ailleurs le village était dépourvu d'auberge et par cela même sa petite fortune était à l'abri d'une attaque.

Cependant la nuit était venue et d'épaisses ténèbres allaient envahir la terre.

Que résoudre ?

Après une longue hésitation, il se décida enfin à demander l'hospitalité à une fermière assise sur le pas de sa porte et suivant, d'un œil enjoué, les ébats d'une demi-douzaine de polissons qui, du geste et de la voix, animaient un petit roquet, aux pattes duquel ils avaient attaché une espèce de claie surchargée de pierres.

Ce cheval improvisé ne trouvait pas le jeu trop à son goût et ne cherchait que l'occasion de se débarrasser de ses conducteurs ainsi que de son incommode traîneau.

L'arrivée de Saturnin la lui offrit : par un mouvement brusque et rapide, le chien se débarrassa de son fardeau et, se dirigeant sur l'étranger en aboyant avec force, comme pour lui demander de quel droit il approchait de la maison de ses maîtres, lui sauta aux jambes et l'eut infailliblement mordu, sans l'intervention de la villageoise qui lui appliqua, en forme d'argument, un vigoureux coup de pied dans la région frontale, dont l'effet se traduisit par des jappements lamentables.

Naturellement timide, Saturnin fut entièrement décontenancé par cet incident, et ce fut en balbutiant d'une ma-

nière presque inintelligible qu'il remercia la bonne fermière.

Celle-ci était une grosse réjouie dont la face rubiconde
et la bouche souriante faisaient plaisir à voir ; ses man-
ches retroussées découvraient deux beaux bras courts et
hâlés qui n'eussent pas fait mal présager de sa vigueur
physique, quand même le roquet, tout étourdi encore de
son châtiment, n'eut été là pour appuyer notre observa-
tion.

Lorsqu'elle l'eut ainsi délivré de son hargneux adver-
saire, elle se tourna vers le jeune voyageur et, lui adres-
sant la parole d'une voix affectueuse :

— Où vas-tu, mon *petiot?* demanda-t-elle.

— Où le bon Dieu me conduira, répondit le villageois.

— Bon, mais tu ne peux pas continuer ta route par
l'obscurité qu'il va faire ; veux-tu accepter un abri dans
ma ferme ?... voyons, ne rougis pas, c'est de bon cœur
que je te l'offre, et *jarnidié* il n'y a pas là de quoi *s'ébau-
ter....* or ça, viens.

Incapable de trouver un mot pour exprimer ce qu'il
ressentait, il suivit silencieusement son obligeante hôtesse
qui le fit entrer dans une salle reluisante de propreté et
qui posa devant lui une terrine d'excellent lait, du pain et
du beurre.

— Mange, mon garçon, dit-elle, c'est Claudine qui t'en prie, et le plus grand plaisir que tu puisses me faire, c'est de calmer l'appétit que je vois empreint sur ton visage.

Ensuite elle sortit pour laisser à son protégé la liberté de manger à son aise.

Il est donc encore des cœurs charitables? se demanda Saturnin en fonctionnant des mâchoires.

A cette question nous eussions pu répondre, oui, les bons cœurs sont moins rares qu'on ne pense généralement, et c'est surtout parmi les campagnards qu'on les trouve; cette assertion est appuyée par l'expérience et nous avons vu, de nos yeux vu, comme disait Molière, une scène à peu près semblable à celle que nous rapportons ici.

Quand le jeune homme eut réparé ses forces par un frugal repas, Claudine le conduisit dans une grange où un lit de paille fraîche attendait ses membres fatigués.

Après quelques bienveillantes paroles suivies d'un affectueux bonsoir, elle se retira et le jeune homme se livra au sommeil.

Le lendemain à la pointe du jour, il était sur pied déjà et un copieux déjeûner lui avait donné la force nécessaire pour continuer sa route.

Il exprima à Claudine, dans les termes les plus chaleureux, toute la gratitude qu'il éprou[illegible]it pour elle, et cette dernière, pour ne pas laisser son œuvre inachevée, lui fourra dans la poche un gros morceau de pain accompagné d'une tranche de viande froide de l'aspect le plus appétissant; puis elle lui souhaita un heureux voyage et retourna à ses travaux habituels pendant que Saturnin, les jambes légères, poursuivit son chemin un peu plus gaiement qu'il ne l'avait commencé la veille.

CHAPITRE V.

Nous ne nous arrêterons pas sur les divers inci-
dents qui survinrent à notre héros, il marcha pendant un mois, au bout duquel il arriva à Paris.

Mais, hélas! sa légère bourse avait beaucoup diminué, il n'avait pas toujours rencontré des Claudine et, quand il foula les premiers pavés de la capitale du monde civilisé, à peine lui restait-il une somme suffisante pour subvenir à ses premiers besoins.

L'impression qu'il ressentit en voyant le spectacle que présente la grande ville, ne fut pas cette admiration qu'éprouve le curieux, sans autre souci qu'explorer ce qui lui paraît digne de remarque; il comprit du premier abord les difficultés qu'il aurait à surmonter pour vivre dans cette fourmilière humaine où se meuvent tant de bouches affamées, pratiquant au pied de la lettre ce dicton populaire :

« Chacun pour soi et Dieu pour nous tous. »

Néanmoins son énergie ne l'abandonna point et, sans perdre de temps, il se mit en quête d'un logement. Après mille recherches infructueuses, il parvint à trouver, dans une des rues les plus désertes, une maison vieille et décrépite, au premier étage de laquelle pendait un écriteau, avec l'inscription suivante, dont nous ne chercherons pas à pallier l'orthographe :

Chambre de garsson a loué presenteman.

Par ce pressentiment instinctif qui ne trompe jamais, Saturnin comprit que là il trouverait un asile, le délabrement du bâtiment et la rédaction de l'écriteau le lui disait aussi.

S'approchant donc d'une porte batarde, il tira la chaîne servant à communiquer le mouvement à une sonnette intérieure dont le glas fêlé se fit aussitôt entendre.

Un instant se passa, la porte s'entrouvrit, une forme humaine qu'on distinguait à peine au milieu de l'obscurité qui l'enveloppait, apparut, et une voix cassée demanda :

— Que désirez-vous, Monsieur ?

Saturnin exposa le motif de sa visite.

— Hum ! fit la voix, vous ne me paraissez guère à votre aise.... le logement en question est une superbe mansarde.

— Je m'en accomoderai d'autant plus, Monsieur.

— Le loyer est de trois francs par semaine.

— C'est bien cher.

— Allez plus loin alors et que Dieu vous bénisse.

— Le jeune homme frissonna à l'idée seule de recommencer ses recherches.

— Soit, reprit-il, je paierai le prix que vous demandez; mais, au nom du ciel, permettez-moi d'entrer, je suis épuisé de lassitude.

— Les trois francs sont exigibles d'avance.

— Peu m'importe, les voici et, de grâce, permettez-moi l'accès de votre seuil.

Il se fit un nouveau silence, puis la porte jusque-là entrebaillée, s'ouvrit entièrement, et le villageois put enfin franchir les limites de cette nouvelle Jéricho où le son métallique de trois pièces de un franc, en tombant dans une main avide et décharnée, firent l'office des trompettes d'Israël.

Saturnin fut conduit dans la mansarde, non sans une multitude de précautions oratoires, où la demande de ses papiers brillait en première ligne; il les étala complaisamment et cette vue sembla calmer l'inquiétude de l'étrange propriétaire, car il salua profondément et d'un air narquois, se retira et laissa à son locataire la libre jouissance d'un galetas qui, certes, lui fit regretter le grenier paternel.

Alors commença pour le jeune homme une période de souffrances morales et physiques que notre plume ne saurait décrire. Il lui restait quarante francs dont une partie devait lui procurer un abri pendant trois ou quatre semaines, et l'autre une nourriture insuffisante durant le même espace de temps.

Il est un adage attribué à Francklin et à peu près conçu en ces termes :

« Les enfants et les fous s'imaginent que vingt francs et vingt ans ne peuvent jamais finir. »

Or, Saturnin, quoique bien jeune encore, n'était pas un enfant et encore moins un fou. Il ne se cachait point la modicité de ses ressources, et voyait avec effroi arriver le moment où, privé de toutes choses, il verrait s'évanouir ses dernières illusions.

Tous les jours il sortait, s'enquérait des places vacantes, s'adressait aux personnes qui eussent pu l'employer; mais, lorsque, après avoir sollicité, on lui adressait cette demande invariable : Par qui êtes-vous recommandé ? et qu'il répondait, par mon honneur seul, on lui tournait dédaigneusement le dos et il se retirait le désespoir dans l'âme, le cœur oppressé et retournait à ses livres, qui étaient son unique consolation au milieu de tant de maux.

Plusieurs fois l'idée lui vint d'employer l'aide de son

propriétaire ; mais les habitudes sauvages de cet homme bizarre, qu'il avait d'ailleurs rarement l'occasion de voir, le détournèrent de son projet.

Il lui semblait souvent que ce dernier, appuyé contre le verre d'un étroit judas, le considérait avec une curiosité où se mêlait une faible nuance d'intérêt ; mais, de crainte de se tromper, il ne voulut point mettre cette sympathie à l'épreuve.

Un jour aussi il advint que, en revenant de ses vaines excursions, Saturnin vit M. Dubois, son propriétaire, poursuivi par une nuée de jeunes polissons que sa mine hétéroclite avait ameutés contre lui. Son avarice, sa rapacité, lui avaient acquis le mépris de tous les habitants du quartier, et nul ne se présenta pour le délivrer de cette volée d'écoliers qui le pourchassaient à grands renforts de petits cailloux et de grosses plaisanteries. N'écoutant que sa générosité naturelle, Saturnin se lança au milieu de la cohue tumultueuse que sa voix et ses menaces eurent bientôt dissipée. M. Dubois ne remercia point son sauveur, mais il lui jeta un de ces regards indéfinissables, plus éloquents que la parole et plus expressifs que les plus chaleureuses protestations. Si nous avons rapporté cette scène, c'est qu'elle eût une influence assez notable sur la vie du jeune villageois, ainsi qu'on le verra plus tard.

Cependant les quatre semaines s'écoulèrent, semblables au répit accordé aux criminels avant l'exécution de la sentence qui les condamne.

Le logement et l'avoir d'un jour lui restait encore, et après ce jour... rien ; car ses idées étaient trop nobles pour lui permettre d'implorer la pitié des hommes, et sa constitution fragile lui interdisait tout travail manuel.

Il sortit, décidé à renouveler pour la dernière fois ses courses infructueuses ; mais, hélas ! ce fut en vain encore, et cette tentative n'eut d'autre résultat que d'augmenter son découragement. Vers le soir il rentrait tristement lorsqu'il aperçut tout à coup un magnifique attelage qui arrivait sur lui avec toute la vitesse du vent, de brillants jeunes gens le montaient, et parmi eux, il reconnut avec surprise son compatriote et ennemi Lucien Andreuil, richement habillé, et trônant sur le siége de sa calèche comme un roi au milieu de ses courtisans.

Ebahi par cette rencontre inattendue, Saturnin ne songea point à s'écarter de la voie ; la voiture, lancée à fond de train le heurte, les chevaux le foulent aux pieds et continuent leur galop au milieu des rires bruyants de cette folle jeunesse et de ce cri, échappé, comme malgré lui, à Lucien :

Vrai Dieu, c'est Satur-le-Nain !... Ma foi ! j'eusse autant aimé que ce fût un autre.

Étourdi par le choc formidable qu'il avait reçu, le malheureux villageois s'évanouit et, quand il reprit ses sens, il était couché sur un lit moelleux, dans une salle immense et somptueusement meublée.

Croyant rêver, il se frotta les yeux, et soupira tristement; mais une voix douce et affectueuse le rendit à la réalité, en lui demandant :

— Comment vous trouvez-vous, mon enfant ?

Celui qui parlait ainsi était un homme d'une quarantaine d'années, sur sa poitrine brillaient des décorations de plusieurs ordres, sa physionomie ouverte et distinguée indiquait particulièrement un caractère loyal et un rang élevé.

Saturnin lui répondit aussi bien que lui permettait sa timide confusion, et l'inconnu lui raconta alors comment Gontran-Maximilien, marquis de Livernois, comte de Savoisy, son jeune fils, s'étant laissé entraîner, par cette gloriole si funeste aux adolescents, dans une société qui n'était ni de son âge ni de son rang, ni de son éducation; se trouvait dans la voiture de Lucien Andreuil au moment de l'accident; mon fils, continua le père de Maximilien, était déjà mal à l'aise avec ces jeunes débauchés, quand ayant entendu les paroles cyniques de Lucien à votre égard, il fut révolté d'une telle dépravation et, résolu de rompre avec ses compagnons, il s'échappa de la voiture pour vous faire transporter chez moi, dans l'espoir de se faire pardonner, par cette bonne œuvre, la grave atteinte qu'il venait de porter à ses devoirs de gentilhomme.

Saturnin se confondit en remercîments et en excuses auxquels le marquis répondit avec la meilleure grâce du monde et toute la bienveillance d'un homme de bien.

Par ses soins empressés, le jeune homme se trouva bientôt hors de danger et en état de raconter toutes les vicissitudes qui avaient éprouvé son existence.

Monsieur de Livernois parut profondément touché de tant de malheurs, de persévérance et de revers à un âge si tendre, et quand Saturnin, complétement rétabli, voulut retourner à sa mansarde, il le retint auprès de lui par l'assurance qu'il se chargerait de son avenir.

La phase des misères était arrivée à son terme; les beaux jours commençaient.

Grâce au comte de Savoisy, il fut dépouillé de sa livrée d'indigence, revêtu d'un costume plus convenable et mis entre les mains de célèbres professeurs qui développèrent le germe des nombreuses connaissances qui fermentaient en lui.

Ce changement subit dans sa position eut quelque chose d'enivrant qui l'empêcha, dès le premier abord, de profiter des avantages qu'on lui offrit; mais, lorsque son imagination tumultueuse fut rentrée dans ses bornes

ordinaires, et qu'à son trouble eut succédé l'enthousiasme, ses progrès en tous genres devinrent merveilleux
et comblèrent de joie son généreux protecteur.

Ainsi se réalisa une fois de plus cette proposition que
nous avons avancée en d'autres ouvrages : « Souvent les
choses, en apparence nuisibles, tournent à notre bien. »

Certes Saturnin, renversé par les chevaux de Lucien,
était loin de prévoir que cette chûte serait le point de
départ de sa fortune.

Ses aventures furent bientôt connues dans le monde
savant de la capitale ; appuyé par le crédit de Monsieur
de Livernois, des positions brillantes lui furent offertes ;
mais, toujours modeste dans ses désirs, il choisit celle
de précepteur des plus jeunes enfants de son bienfaiteur.

C'était montrer un tact exquis dont ce dernier lui sut
gré, en lui accordant une amitié et une confiance illi-
mitées.

Depuis longtemps il remplissait ces humbles fonctions,
lorsqu'un jour un notaire se présenta chez Monsieur de
Livernois et demanda à parler à Saturnin Bauër.

— Monsieur Robert Dubois, dit-il, votre ancien propriétaire, mort sans enfants et sans héritiers connus,
vous a institué son légataire universel, l'héritage consiste en une somme de cinq cent mille francs que, dès
ce moment je tiens à votre disposition.

Tel fût le résultat de l'intérêt que Saturnin avait remarqué autrefois dans le visage du sordide vieillard à qui il n'eût certes pas soupçonné une fortune aussi considérable.

Riche désormais, il se livra sans réserve ni contrainte à son amour pour l'étude et, lorsque l'âge viril eut succédé à l'adolescence, il fut reçu dans le sein de l'Académie des inscriptions et belles-lettres dont il fit l'ornement et la gloire.

Inutile d'ajouter que, fidèle à sa promesse, il alla souvent visiter son ancien ami Ignace Mérault, qui eut le bonheur de jouir longtemps encore de l'amitié de son élève.

Il dota le village de Marange d'une jolie école communale où les enfants indigents sont maintenant encore instruits et vêtus gratuitement.

Quant à Lucien Andreuil, il dissipa follement la fortune que son père lui avait laissée en mourant; réduit à la mendicité par sa prodigalité, et incapable de se suffire par sa paresse et son ignorance, il implora le secours de Saturnin Bauër, dont il avait appris la rapide élévation.

Celui-ci oubliant les injures pour ne se souvenir que des revers de son compatriote, lui vint généreusement en aide, le ramena dans la voie du devoir et pratiqua envers lui cette belle maxime qui dirigeait toutes ses actions, et qui, toute sa vie, resta sa devise favorite :

« Aimez-vous les uns les autres. »